POEMAS DE MEDIANOCHE.
A BEA DE UN ASEXUAL

Francisco Martínez Izquierdo

Poemas de medianoche. A Bea de un asexual

Primera Edición 2024
© Francisco Martínez Izquierdo 2024

© Editorial Poesía eres tú.
https:// poesiaerestu.com
C/Dr. Fleming Nº50, 4ºD
28036 Madrid
Teléfono: 34 91 345 38 17
Fax: 34 91 350 80 54

ISBN: 978-84-18893-91-9
Depósito Legal: M-27433-2024

POEMAS DE MEDIANOCHE.
A BEA DE UN ASEXUAL

FRANCISCO MARTÍNEZ IZQUIERDO

Dedicatoria hecha a propósito de la comparecencia del autor de esta obra en una radio local de Barcelona (Badalona).

"No se me ocurre otra cosa que la extrañeza. La extrañeza confusa ante no sé qué miedo por el don poético. La extrañeza que nos sorprende cuando leemos los versos, la incandescencia del mensaje que se esconde por los rincones de la belleza.
Oportuna belleza poética que hará enterrar la realidad. Que hará vivir el sueño de un mundo mejor. De la palabra viva, de la palabra limpia, de la palabra pulcra. Palabras mágicamente ordenadas, nada más pueden hacernos sentir extrañeza, en el mundo del sentimiento".

"El poeta es un fingidor
finge que siente lo que en verdad siente".
Fdo. Pessoa

"Todos los bienes de este mundo
provienen de los locos".
Sócrates

"Los verdaderos bienes del mundo
y el universo provienen de la fe,
y todo lo religioso".
Francisco

"En el umbral de la locura
se encuentra el camino de la libertad".
Khalil Gibran

"El miedo a la locura
ya es una forma de locura".
Fdo. Pessoa

"En todo caso hay
un laberinto, con una,
mil, millones de salidas
que me llevan a la vida, a dios".
Francisco

"En todo caso había un solo túnel
oscuro y solitario: el mío".
Ernesto Sábato

"Algún día, después de vivir mucho,
mis días serán solo silencio
compartido conmigo únicamente,
mi compañía el espacio, el tiempo,
mi casa será el desierto,
mi sustento la tierra
mi trabajo, un lápiz y un papel".
Francisco

CARTA AL LECTOR

Lo mejor de este libro es poder dirigirme a ustedes por escrito. Soy consciente de los genes que he heredado: la sensibilidad de mi madre, su sufrimiento a veces abismal, y también su alegría innata, expansiva y espontánea. Odié de ella sus ansias de poder y de dominio. De mi padre heredé su inteligencia mórbida a veces y desestructurada y una santidad que ni él conocía. De ambos heredé el espíritu de trabajo y también una locura de dos personas que no se tendrían que haber conocido nunca.

Aunque publiquen mis libros no creo que pueda sentirme nunca orgulloso de ser hombre ni de estar vivo. No sé qué nos pasa a los seres humanos y a la civilización. Creo que estamos echando piedras de mil toneladas sobre nuestro propio tejado y luego los locos o los más cuerdos lloramos y a veces nos suicidamos. El mundo está normalizando lo anormal; cosas como la destrucción del planeta, la guerra, la injusticia social, todo tipo de drogas, muchos fármacos, la codicia y la envidia, etc.

No aspiro a la riqueza, ni al amor o a la felicidad. Solo deseo sosiego, paz, serenidad y salud. ¡Con lo feliz que era yo con mi padre mientras él era novio y después en el útero materno! ¡Oh triste y miserable destino!

Si ustedes pueden leer este libro, creado por un escribidor de poemas y un brujo de las emociones, es porque el autor ha topado con las personas idóneas para que eso fuera posible. Por un lado, está el señor Javier Pérez Ayala que es un editor competente, trabajador, de trato educado, cortés y a veces paternal con los niños —hombres (tiene el oficio de padre también).

Esta editorial ha sido comprensiva con un extraterrestre como yo, que vive sin nada relacionado con la tecnología (excepto mi radio y equipo musical) Por eso me mantengo todavía más o menos cuerdo y sereno.

También pienso en Guillem: una relación social maravillosa que se ocupa de pasar mis trabajos a limpio de forma desinteresada.

Bea se cruzó en el camino de mi vida; enfermera íntegra en el amor; con ojos de diosa, azules, despiertos, vivos e inteligentes. Gracias a ella nació este libro.

Le doy las gracias a mi pareja Ángeles por haberme escogido precisamente a mí. A ella le debo mi vida.

Agradezco al destino haber conocido a Maria J., a Xavi y a mi familia heredada. A todos gracias por existir todavía.

Ahora me acuerdo de los artistas que yo más valoro. Escribir poemas está al alcance de muchos. Pero arreglar grifos, desagües o un simple zapato o limpiar a fondo una casa y dejarla como una patena, eso no lo hace cualquiera.

Estos son mis artistas preferidos, no muchos artistas arquetipos que aparecen en la tele haciendo el chorra.

Sólo les digo fervorosamente que procuren ser felices de la manera más oportuna posible. Los hombres de la guerra cualquier día pierden la razón y saltamos todos por los aires; o a lo mejor por culpa del cambio climático no podemos vivir con salud o bienestar. Podría nombrar la pobreza y muchas otras cosas más.

Si fuese por mí ni hablaría ni pensaría, lo hago por costumbre o necesidad. Si acaso escribiría.

El tabaco puede ser que acabe con mi vida no tardando mucho, o eso creo.

Las personas que no saben practicar la abstinencia, como yo, me parecen inconscientes, enfermas o suicidas, por no decir algo peor.

Si la vida y el destino me lo permiten tengo pensado sacar a la luz otros libros escritos por mí. Mientras tanto les ofrezco éste con el ánimo que les guste; y si no, es igual.

Análisis clínico de la obra por Francisco.

El autor, a través de la pluma y el tintero, pretende liberarse de ciertas obsesiones creadas por el genio, la locura, la vida y el amor. Clamándole al firmamento a veces, otras al averno.

Se despide atentamente, Francisco; un saludo y hasta siempre.

PRIMERA PARTE

Uno

Da igual
el lugar de origen,
ciudad o campo,
cielo o tierra.

Es igual
que sea rico o pobre,
espabilado o corto.

El sitio
de un hombre como yo
está bajo la suela de un zapato
de hombre o mujer
con el corazón apagado
y el espíritu durmiente.

He nacido
para que me hagan llorar
por dentro y por fuera.
He nacido para ser arrastrado,
para que me traicionen,
para ser mentido y engañado,
para ser tratado como lombriz.

Adaptado sobre Sandy Posey
"Born a woman"

Dos

El éter, flores, árboles
todo lo animal,
rayos de helio,
rocío de lluvia,
todo en extinción,
¿no son acaso
la confirmación
y máximo exponente
de algo divinizado, iluminado,
creación de científico
o intelectual del todo?

Tres

¿Será eterna
mi estancia en el mundo?
¡Qué error vivir sin arte!
Sin cometer grandes,
pequeñas acciones
camino del absoluto.
Aspiro a lo eterno
en el tiempo.
No conozco orígenes.
Creo que soy más antiguo
que el universo
futuro de mi propio destino.

Cuatro

Ahora en esta noche
de mágica soledad silenciosa
percibo arpas sonoras y mágicas
que cantan dentro de mí.

Corazón, espíritu.

Percibo efluvios
que me llevan a Bea
Diosa que desconozco,
de apariencia bella, joven,
amante del saber, salud, bondad.

Olvido recientes infiernos
de mente cuerpo enfermos.

A veces el cielo
nos regala pequeñas diosas.

Cinco

Ahora que transcurre madurez,
tardía, afirmada en la soledad,
bebo y me contemplo
en el sol y las estrellas.

Destino que me he encontrado
sin buscarlo, ni siquiera elegirlo
inexorable a lo que soy
y siempre fui.

Que nadie me lo eche en cara.

Así soy de amargo
porque amarga es la vida,
el mundo que me tocó vivir.

Si los que tienen que venir
vieran cómo se puede sufrir,
por culpa del destino
del mundo, lo humano
seguro no vendrían jamás.

En el laberinto
oscuro, solitario,
estafa cometida contra mí,
sueño, pesadilla,
suspiro de vida creado para mí.

Seis

A necios e ignorantes
los mueve y los guía
NADAS E INFIERNOS
que transfieren a quien tocan.
A unos pocos elegidos
los iluminan cúpulas,
bóvedas estrelladas
que se rompen cuando
topan con lo real.

Siete

Algún día,
mi espíritu será cuerpo,
mi cuerpo será luz, esencia.
¡Agua, tierra, fuego, cielo!

Ocho

¡Pensad tristes, estúpidos humanos,
ínfimos hijos de Dios,
apóstoles, santos, reyes, legisladores,
animal, mujer u hombre,
dioses conocidos y por conocer.

¿Quién no se ha corrompido
alguna vez, carne o alma
en mundo y vida?

Decidme: ¿cómo ha vivido
alguien sin cometer falta
en vigilia o sueño?

Vosotros hacéis el mal.
Decidme: ¿qué diferencia hay
entre unos y otros?

Nueve

Tú, madre, que viste
tus entrañas arder,
y que a lo mejor merecías
el fuego. Pero que hiciste prender
la vida con tu llama.

A lo mejor los dioses
te premian con luz,
fulgor de los rayos
del éter eterno.

Diez

Para Bea.

Aunque es tu rostro
bello, tierno,
como capullo de rosa,
mirada espabilada, limpia,
tu espíritu aspira
a lo noble, sublime,
corazón que sueña lo bueno.

No se sabe
en este triste
terrenal mundo
qué dioses,
hombres,
mujeres primigenias
te forjaron cuerpo,
alma.

¡Oh, Dios!
Aprehende alas
que se estrellarán con lo real.

Once

Aprendemos a vivir
como gotas de agua
sin aspirar a ser mar.

Nuestros corazones
son surcos en la tierra,
que no conocen la tierra.

Llegamos a este mundo
como una gota más,
motas de polvo
en un desierto de arenas,
sin conocer el agua,
ni entender la tierra.

Como moscas que vuelan
en el aire, sobre el mar,
y desaparecen en la tierra
un día cualquiera.

Doce

Para Bea

"El sabio es difícil
de doblegar".

Algún día
los hijos de la rosa
se marchitarán ante mis ojos
y tú te habrás ido
y yo no volveré.

Tendré que huir
para alejarme de lo terrenal
para poder seguir amando
ese valioso jarrón
de destellos de oro
que pude rodear en sueños.

Trece

No es extraño
que broten dioses en la tierra,
porque antes que ellos
han dormido muchas
bellezas y estrellas.

Catorce

Lo único
que hay que alabar
del creador
es su buena voluntad
no su error de cálculo.

Mucho sé del mundo
y cuanto sé del mundo
y he visto de él
ES NADA Y TODO.

Quince

¡Oh, vida!
Tú me educaste
en el seno
de todo lo enfermo.
El final de mi lucha
es la vida.

¿Podré amar
algo algún día de verdad
y no en sueño?

Mi vida es tan vida
como la tuya;
solo en paz y serenidad
pretendo vivirla.

¿Por qué ha de serme
tan difícil?

Dieciséis

Aunque soy hombre
a modo de esperpento
o así me lo hacen sentir,
nadie conoce de esta triste
y terrenal morada
de mi vida,
para qué me formaron
los dioses o padres primigenios.

Diecisiete

Lo primero que hice al nacer,
para lo que fui creado
y pensé iba a ser ineludible,
fue creer en que iba a sufrir,
y que me querría ir pronto
de la vida y del mundo.

Y así es como sucedió.
Se agregó mucho polvo
a mis espaldas,
losas enteras de cemento
de piedras gigantes,
que de forma asombrosa
se iban acumulando
en venas y huesos.

Y así sobrevino un día
la locura; se estacionó
en mi vida,
al final de todo
me quise marchar para siempre.

El destino caprichoso
misericordioso, cruel o sabio
evitó el final,
donde mi espalda ya molida
habría reposado en el universo
de la NADA.

Dieciocho

El sentido de la eternidad
tiene un mágico misterio
que ignoramos en la vida
y lo decide el quehacer
del día a día.

Desde que se abre el telón
donde se empiezan a abrir
sus tesoros y enigmas.

Solo después de la caída
del telón, cuando ya no estaremos,
la vida decidirá sobre
nuestra eternidad,
que se labra y gana
en el día a día
de la vida.

Diecinueve

El sueño de la existencia
emergió de lo oculto,
no hay quien horade
la misteriosa encrucijada preciosa.

Quien hable de ella
nadará en una quimera
sin poder decirlo ni creer
de verdad de la perístasis.

Veinte

Los misterios,
donde habitan las palabras,
son asombro y sueño
de sabios o humanos.

Pero ¡ojo!
No os dejéis emborrachar
por sus suaves, mágicas cadencias,
dulces perfumes.

Las verdaderas flores
son las que nos hacen pensar
que nada es auténtico
y todo relativo.

Veintiuno

Necios e ignorantes
que horadáis todo lo bello
del mundo, cambiáis
el color verdadero de su esfera.

Secretos no conocéis
del mundo ni hombre
os levantáis y acostáis
charlando. Al final del día
acabáis durmiendo, haciendo
llorar a los mismísimos muertos.

Veintidós

¡Qué dioses
o qué astros me hicieron venir!

Yo no habría venido
ahora que estoy
huelo los vientos de la vida,
ya no me marcharía.

Lo mejor para mí
en este mundo que no es mío
habría sido no venir,
no conocer ni tener que partir.

Veintitrés

¿En dónde reside
el humo de los que aspiramos
a lo puro?
En esta rueda continua
de respirar el polvo
del sufrimiento.
De los que urden
con la miseria
la trama de la existencia.
Condenados a no estar
nunca a gusto
y tener que desaparecer
segados por la hoz
de un infierno
que no deja entrever
firmamento azul.

Veinticuatro

¡Qué falso es el mundo!
¿Se ha de humillar el corazón
de todos los sufrientes
para soportar el destino
y el dolor de la vida?

¿Es necesario el dolor
para poder plasmar el mundo
y avanzar a través de la pluma?

Lo malo de todo
es que el sufrimiento
se acomoda pronto
se hace grande y ancho
a nuestra espalda,
y le cuesta dar marcha atrás.

Veinticinco

El éter silencioso
le susurró a mi alma:
le atribuyes al destino
los vientos que rigen tu vida,
y en esta búsqueda eterna
de tu sino,
das vueltas y vueltas
haces girar, rodar la rueda
engañando a tu corazón
que es sabio
y sueña con un hado
que le libere de los achaques
caprichosos de tus designios.

Veintiséis

Amo el amor con locura
aunque no lo conozco.
Permanece como niebla
ocultando espíritu, corazón.

Lo busco en la vida
en el mundo, firmamento,
estrellas, mares, abismos,
olas, corazones rotos,
alas caídas.

¡No lo encuentro!
A veces sueño
que sueño amor
y amo creyendo
que amo con locura.

Al final
solo tengo
un vacío en el tiempo,
en espacio, tierra,
éter, con sus diosas
y dioses invisibles.

Veintisiete

Terminó un día
el relato de la niñez
entre juegos traviesos
y algarabía dichosa, contenida
de mozos alborotados.

Un día la vida
cortó de cuajo
alas y magia.

Padres primigenios
rompieron lazos
con compañeros de juegos
por ser niños "malos".

¡Habían hecho campaña
durante un día
de inocencia inconsciente!
¡Cuál fue el dolor
y el vacío de esta separación
siniestra, humillante!

Libros de niños
se hicieron pequeños.
La pubertad tardía
me enseñó otros libros.
"El camino" de Miguel Delibes
fue mi primer libro "serio".

La pubertad chocó
pronto de frente
con la adolescencia.
Tiempo de incertidumbre,
miedos, desdichas tortuosas,
sinsabores amorosos abisales,
deportista endiosado por la vida.

Fiebres y túneles
enardecían huesos, venas
en alma descosida de deseo,
tormento, sueño de firmamento
remoto, inaccesible,
en la cárcel de la vida.

Moradas adversas
al amor, paz, vida.
Tanto se llenó el caudal
de ese océano
de aguas enfermas
que un día cercano
a un amor insatisfecho,
los dioses de la locura
hicieron acto de presencia,
se instalaron en el nido
de mi mundo, un hogar
familiar no sentido como mío
y una vida que no era mía,
ni me pertenecía.

Sólo una diosa
con cara de ángel
cuerpo divinizado por astros
cielo que no era de este mundo
hizo llama dentro de mi corazón
brotando de la tierra
como jardinero al rescate
de flor marchita, moribunda,
alienada en vergel de desierto.

Esta diosa quiso bajar
del cielo, y juntos, enfermos,
volteamos vientos y mares
de la vida.

Nosotros tan cercanos
a muerte segura,
como pájaros enjaulados
sin percibir aire ninguno
cielo conocido o alimento
creado en vida.

A ti, Ángeles,
te invoco todo lo mío,
en la Vida, Nacimiento,
Muerte, Trabajo, Descanso,
Gozo, Placer.

Siempre mi joya
en el corazón eterno.

Veintiocho

De mi llegada al Universo
se han aprovechado necios,
malos estafadores
vividores que pululan
por el mundo maldito.

Con mi marcha
no tendrán título ni esplendor,
acaso cenizas de malos recuerdos,
de olor a muerte, podrido,
corazones enfermos que se adueñaron
de un loco enfermo, que un día quiso llegar
y otro cualquiera, cuando
él o la vida decida
se marchará en dolor
o tranquila calma.

Veintinueve

Los sabios no quieren
descifrar ni vislumbrar
los enigmas de mi corazón,
menos, los de mi alma.
Construyen sus fantasías
en paraísos artificiales.

Algún día misterios divinos,
mortíferos quizás, se revelarán
ante sus ojos, y verán
de mí que nada saben de mí.

Fuera de mí no hay nada,
y dentro, ve tú a saber.

Treinta

El viento de la vida
levanta su velo
cuando lo rasgan
con tu flor.

Los pájaros se alegran
en el nido y cielo;
les alegras con candor, belleza.

Me siento a tu vera,
el diapasón de tu voz
como flor, brota alegre,
despierto,
muchas veces.

Pero la flor
siempre retorna a la tierra
y pájaros tristes
retornan al nido.

Treinta y uno

El amor inmaterial
o consumado y recíproco
no perjudica a nadie.

Los poetas
bebemos de su copa
sentimos la muerte
de la tierra
si vemos la copa vacía,
como alfarero sin arcilla,
escultor sin efigie,
poeta sin egregio.

Treinta y dos

Desde que siento
amasado el molde
de la arcilla, con
el color de la soledad,
espíritu de niño, u
hombre individual,
diferenciado, libre del destino,
se ha despertado revuelo
en torno a lo que soy.

Y no me siento ahora
capaz de ser mejor.
Soy un crisol
que me eligió a mí.

Treinta y tres

En la tablilla
escrita por el dueño
del Universo y el destino
infiernos, firmamentos,
nacimiento, muerte,
quedó escrito cuán habría de ser.

Y nadie nunca jamás
aprehenderá el fin último,
ni conocerá la última letra.

Treinta y cuatro

Me imagino muchos pájaros
que se posan en tu cabeza.
Sus garras quieren aprehender
tu espíritu. Pero ¡ay
qué pena, qué pena!
Si tú eres hija del destino,
y en tu corazón campanillean
y vuelan aires de libertad,
plenitud, beldad, bondad,
consagración de una primavera.

Treinta y cinco

No puedo vivir día
sin vida sagrada pura
entregado al amor escondido.
No puedo cargar este cuerpo
esclavo de dichas insatisfechas.

No quiero un vaso
más de vida, porque
no puedo tomarlo.

Algún día a lo mejor
me entrego a la noche;
inquieta, nerviosa, enferma.

A lo mejor el corazón
crece, renace de cenizas,
busca mundos imposibles
repudiando la razón
y la hija de la virtud.

Que el barro
de mi alma
no se haga tierra eterna,
donde los que son como yo
mueren a veces ahogados
en cántaros de pasiones
consumadas, sin consumar.

Quiero mi corazón,
mi espíritu, revividos
con un buen vino
resucitador en la tierra.

Los dioses acudirán
a la puerta de la taberna
a beber conmigo,
lo sagrado, borrachos
de vida verdadera.

Y si la vida
amarga el vino,
derramado en el cántaro,
purificaré huesos y venas
en el túnel tranquilo,
silencioso de la soledad.

Renacimiento, muerte,
soledad, comunión,
vida, obra,
resucitándose una a otra.

Y si el vino
es grato, cuidaré
cual tesoro que derrama Dios.

Compañeros reunidos,
vida, vino,
ser y no ser.

Se derrama el zumo
de la uva, en instante
sabio, eterno o efímero
del amor y la vida.

El amor actúa
la vida sentencia.
Cuando lo lúcido
se instala en el alma
el corazón se emborracha
de vino, la trampa
del corazón en la cárcel
puede ser paraíso, amante
de borrachos entregados
a lo posible
de lo imposible.

Apariencia de vida, muerte.
¡Miel!

Treinta y seis

Si percibo
que eres hierba buena,
pura, haré brotar de mi pluma
labios de ángel.

Si sólo eres hierba
que brota de la tierra
intentaré pisarla con cautela.
Sin desprecio; me quedaré
con el rostro de tu beldad
de lo que fue o pudo ser.

A lo mejor
me dejo pisar, engañar una vez,
diez o mil veces.
Entonces seré una estrella
que se apaga, o un jarrón
roto en mil pedazos.

Treinta y siete

Todo cuanto existe
en este triste universo
es hoja que cae
de la mano del viento
en tierra acogedora,
absoluta; cura cicatrices
del mundo existido
y por existir.

Lo que hay
en el mundo no existe
y lo que no hay
queda por existir.

La llama de este mundo
es una vela que se quebranta
como el alma toda,
se apaga en contemplación
de la vida; ir y venir
de hojas que pasan.

Pienso en lo que he sido
que es todo y nada,
lo que podré ser
o podría ser. Una quimera
de la vida, un yo
que suspira por recuerdos
de hojas marchitándose,
se arrastran amorosamente
en viento, a tumba
acogedora de cielo, tierra.

Treinta y ocho

Desde que existe el universo
triste noche equivocada
sueño quebrantado de Dios
luces del alba
pregúntale al cielo:
¿pensamos pensamiento
o pensamiento piensa?
¿Es luna, cielo
que rasga el espíritu
soñando vida,
o es vida
que sueña vida?

Sol brillante, ensimismado
contempla amante la vida
vigilante de cuerpos,
emociones, pensamientos.

Tierra, mar, cielo
fuego, huesos, alas,
esplendor de un mañana
que en hoguera perecerá.

Infierno delirante,
convaleciente, últimos
latidos de dios que desea.

Treinta y nueve

El universo está triste
no sin razón.
Almas conscientes
derraman lágrimas en secreto,
nostalgia presentida
en un mundo moribundo.
La vida
se bate en duelo
en cauce de dolor
injusticias consumadas.
Efluvios de un destino
que la vida aplastará.
Huéspedes de una vida
un mundo huérfano
de agua, sol.

Metáfora, confirmación
de muerte, infierno.

SEGUNDA PARTE

Cuarenta

NO UN POETA CUALQUIERA
(Primera poesía seria escrita por el autor en vida)

Quisiera ser el eco
de tu alma toda,
yo poeta errante,
pero solo soy un hombre,
rico y pobre a la vez.

Busco paz por dentro
y por fuera. ¿Es débil
la fuerza de los poetas?

Hallo en las poesías
efluvios de luz eterna,
avivan mi entendimiento,
acaricio el bienestar feliz,
beso plenitud de paz
por momentos.

En ratos de soledad
o tranquila compañía
siento el aleteo de mi alma
al leer una poesía.

Si el aliento de un poema
hace vibrar tu alma:
felicidad, paz, amor, entendimiento
y tu corazón late contento,
daré por concluida la obra mía.

Se despide
un poeta para ti
hasta siempre.

1992
Del libro auto-publicado
"Poemas de desensueños".

Cuarenta y uno

*"Caminante no hay camino
se hace camino al andar."*

CAMINANDO HACIA DIOS

¡Dios, Dios sabe qué!
Revela tu rostro,
¡maldita sea!
arrópame con tus alas,
aléjame de la soledad
de este triste destino.

¡Oh, Dios!
¿Hasta cuándo alargarás
esta agonía? Camino
que me conduce a ti,
extraterrestre, planta,
animal, un hombre,
efluvio de un soplo
mágico de lo eterno,
pero siempre tú.
¡Mi último fin!

¿Es necesario todo?
Niñez, pubertad,
adolescencia, madurez,
senectud, vejez.

¿Quién eres tú?
¿Estás detrás de la nada,
último o quimérico destino?

¿Es larga la noche
allí donde reposan las almas?
Adivino mi último sentido
cuando siento que me acerco
comunión con cielo, tierra.

¡Oh, dios!
Revela tu rostro
cobíjame bajo tus ropas,
aléjame de soledad en destino.

Haz de mi vida
un camino inmenso
donde no se pierda
la mirada, ni mirando atrás
ni adelante.

Si transcurren tempestades
que sea así, pero concédeme treguas
y el náufrago luchará
contra mareas, buscando
el camino, remanso
de la paz, que le
conduzca a su casa.

¡Oh, dios!
Si yo fuese eco
de tu destino
¡Qué dicha la mía!
Mientras, camino
rastreo designios
de la vida, a veces
repletos de alba, esperanza

otras en tinieblas
nubarrones oscuros,
pero siempre con el aliento
de mi corazón
te llama buscándote.

¡Oh, dios!
Soy esclavo tuyo
pues eres y me haces libre,
extraterrestre, planta, animal,
hombre, bramido, efluvio,
pero siempre tú.
¡Mi último fin!

1992

Cuarenta y dos

Una luz en la noche

Para Ángeles,
de "Poemas de desensueños".

De mirada difícil
fácil, tranquila, en dios.

Tu sabiduría
es sencilla, simple,
para los humanos,
compleja en su
esencia con Dios
que te ve.

Eres principio primero
y fin último,
camino mágico hacia Dios,
abrupto en este mundo
enmascarado, corrupto.
Tu esencia divina
para diosa, no ha de ser
sufrimiento tuyo en la tierra,
sino esencia de la vida misma.

Tu paz ha de ser guerra
para los otros, no motivo para
tu NO PAZ.

1992

Cuarenta y tres

LA LIBERTAD
de "Poemas de desensueños".

¡Impongamos un orden,
el de la libertad
individual, colectiva.
¿Es un sueño del mundo
o eco de otros mundos?
De dioses o diosas
o algún hombre singular,
conocido, por conocer.

¡Amada libertad!
Buscada, soñada,
por generaciones ancestrales,
presentes o futuras.

Algunos creen
que la condición humana
es la cárcel del universo;
yo afirmo rotundamente:
¡mentira, falacia!
¿No son acaso
libres los sueños?
¡Ah, claro, qué trastorno
de triste vigilia!

Libertad es consciencia
de pasado, presente, futuro.
El camino andado
es bueno si nos conduce
a la libertad, quien nace,
crece y muere dentro
de nosotros mismos.

La libertad, rayo de luz
que ilumina nuestros actos,
orden en el camino hacia diosa
condición para paz,
entre humanos en la tierra.

Algunos no la encuentran,
otros se pierden en el camino,
a otros les aterra,
¡pobrecitos!
¿Cuántas veces naceremos
para comprender el ineludible
destino del ser humano?
¿Nos da miedo la libertad?
Si es así,
¡que Dios nos ampare!

Hombres y mujeres,
romped cadenas
uníos en libertad.
¿Qué sentido tiene
llorar, padecer, reír,
amar, si no es en libertad?
La libertad es el viento
que lleva la historia.

Cuarenta y cuatro

De "Poemas de desensueños".

Si tú eres pequeño
más pequeño soy yo aún.
Si tú eres mayor
mayor soy yo aún.
Si tú eres mejor
mejor soy yo aún.
Si tú eres peor
peor soy yo aún.

No quiero poder
hacia ningún hombre
ni astro, ni dios.
Quiero sentir
latidos del humano,
vivir el día a día,
con caricias del palpitar cotidiano,
soñando con el ayer,
el hoy, el milagro
del mañana.

¿Qué más puedo
esperar de la vida,
si no conciencia de lo mío,
que es lo tuyo mismo
y lo tuyo propio,
sin duda lo mismo
que lo mío?

La vida es una ola
que arrastra hojas de río,
a océano de diosa.

El tronco de la vida
con tallos tiernos
pero firmes, dan sentido
a los días,
vacíos, ausentes de sí mismos,
con la compañía
de sentimiento, pensamiento.

¿Qué será del día,
en que el tronco del árbol
harto, cansado, cabizbajo,
moribundo, convaleciente
ya no dé ramas,
haga brotar hojas?

¡Oh, muerte,
fugaz o eterna!

Cuarenta y cinco

ESQUIZOFRENIA

Hipersalud o enfermedad.
Desorganización u orden.
Descompensación o equilibrio.

¡Diferencia!

—¿Piensas en algo?
—Sí y no.
—¿Sientes algo?
—Diferencia.
—¿Te importan los seres humanos?
—Sí, pero qué voy a hacer.
—¿Crees en el paraíso?
—No lo conozco ni quiero.
—¿Crees en ti?
—Sí. En la muerte de mi "yo".
—¿Sientes algo especial por la vida?
—Sí. Asco, Miedo, Enemistad.
—¿No crees que te diviertes?
—En absoluto. Eso os lo dejo a vosotros.
—¿Sabes cuándo naciste,
   en qué época?
—Si pienso en mí
   eso es un dato anecdótico.
—¿Hay algo que te guste?
—Depende del momento todo y nada.
—¿Crees en el hombre y la mujer?
—Quiero creer.

—¿Te crees elocuente?
—Eso no depende de mí.
—¿Te gusta tu vida?
—Es la única que conozco y tengo.
—¿Quieres añadir algo más?
—Sí. Déjame en paz.
Quiero dormir un sueño.

1992

Cuarenta y seis.

Amémonos

Quisiera desenamorarme
para siempre, o ser
el amor soñado por ti.
Quiero amarte
sin fustigar mis entrañas.
Quiero amarte
sin herir la flor
delicada de tu grandeza.

Amémonos todos los días,
entregando lo alto y hondo
de nuestras venas y huesos
el uno con el otro.

Alejemos sufrimientos estériles
hojas muertas que brotan
del amor mismo.
Los días sombríos
serán fulgor del alba
de nuestras mañanas.
Amamos la brasa
encendida, cuidada.
Amor imperecedero espero
que venga a mí y vaya a ti.
¡Amémonos!

Cuarenta y siete

… de "Poemas de desensueños".

¿Son tus ojos,
manos, boca, pechos,
la causa de este batir
de alas mío?
¿Es el desdén
de tu boca prisionera
lo que cautiva
enloquece, atormenta?

Sonrisa alegre,
despierta de la inocencia
y el infinito,
con dientes de marfil de rosa.

Manos escuálidas, estilizadas,
como tu cuerpo grácil,
pechos refulgentes.

Fruto de primavera incipiente
que sueña con amores tardíos,
para colmar de besos
y caricias los años cuidados
de tus veinte lunas y soles.

La vida espera
que tu despertar se haga
mágico, cegador, eterno.   1993

Cuarenta y ocho

AGUA Y OLA

Un hombre pregunta a otro:
¿Si piensas en el amor, en quién
crees, en el agua o en la ola?

Agua y ola
hablaban y reflexionaban.
El agua de forma airada
y autosuficiente exclamaba:
—tú, ola, no eres nada.
Tu destino consiste en encontrarme
a mí. Yo soy lo sagrado,
lo divino, el fin último,
la esencia, lo puro.
Tú, ola, careces de importancia
y desaparecerás.

La ola, cansada
pero sonriente afirmó:
—querida agua, tú no eres nada
sin mí. Te engañas
a ti misma sobre tu
existencia. Tu vida es aburrida
y carece de realidad.
No presenta forma ninguna.
Te crees segura de ti misma.
Yo prefiero mi magia,
la inseguridad, la transitoriedad
a tu falsa y perenne calma.

A mí se me encuentra siempre,
a ti jamás te encontrará
nadie y permanecerás sola.

Agua y ola
se quedaron mirando fijamente
y percibieron cómo sus almas
frágiles, se unían hasta
convertirse en una sola cosa.

Rayos de sol
iluminaron sus rostros
y con una sonrisa
se fueron juntas
de la mano,
en busca de sus respectivos
¡destinos!

1993

TERCERA PARTE

Cuarenta y nueve

¡Oh, Dios!
Tú educaste la naturaleza,
espíritus, todo lo divino.
De tu seno e inteligencia
se creó la vida,
en su lucha por permanencia.
¡Dime! ¿A quién
podrás amar de verdad
o en secreto?
Si tu acción juzgas
sólo lágrimas de llanto
te quedan.

Cállate, olvídate.
Tu rostro no ha de ver
aquello que hubieses
deseado amar.
Ten cuidado.
El hombre busca,
con dientes afilados,
entre el éter,
abismos creados
y por crear
de todo lo creado.

El odio quiere destruir
aquello para lo que se creó
EL ODIO MISMO.

Cincuenta

¿Cómo pensar
que aquél que moldeó
la copa del universo
pueda estar soñando
con romperla en añicos?

Rostros de niños,
manos tiernas,
corazones, espíritus
por crearse.
¿Quién es el amor
de diosa por nacer?
¿Dónde está el odio
por destruir?
¡Oh, Dios!
Todo eso eres tú.
Descubro la misteriosa
esencia inacabada.

Cincuenta y uno

Mi porción de existencia
se llenó de mundos,
universos, dioses,
deslizándose como ríos
anhelando océanos que aprehender.

Vientos de estepas solitarias
gotas de agua
en inmensas tormentas,
flores hermosas
en caminos solitarios,
vergeles al rescate,
en el desierto
dormido de mi alma
que ha volado
hace tiempo
allí donde se disipa
el hombre, nace Dios.

Cincuenta y dos

Olvida dioses y diosas
que no te quisieron.
Piensa en mañana
que está por venir.
Desdeña lo que
no ha podido ser
no era para ti.
Piensa en todo
lo que eres que es mucho
o en lo que habrá de ser.

Arroja al viento
frustraciones de la vida.
Somos sólo lo que somos
sin tener que darle
muchas más vueltas.
Con todo lo que la vida
no te quiso ni pudo dar
y con todo lo puesto
y por poner
que es mucho.

Cincuenta y tres

Recuerda el día
que te abandona.
Estudia aromas
vertidos en el corazón.
Si desdeño tu espíritu
malhiero tu cuerpo
sueño soñado por dios.

El mañana
siempre está por venir,
lo que fue
podrá ser
o no habrá de ser.
Tú eliges.
El sufrimiento pasado
es un instante en tu vida
existencia en presente
con la inutilidad
del dolor ya vivido.
No arrojes al viento
el devenir del presente
ni el sueño invisible
de un mañana por venir.

Cincuenta y cuatro

Me arrojaron al universo
sin consultarme ni desearlo nadie.
La vida me llenó
muy pronto de asombro.
De a disgusto
que estaba quise abandonarla
sin saber todavía
ni nunca con qué
intención vine a esta cárcel.

Cincuenta y cinco

El destino de mi vida
de mi universo
se lo confío a Dios
a mi pluma
y mi papel.
Palabras que trazo
huyen del cielo
del dolor indeleble
de los humanos,
tristes marionetas,
metáforas de la esencia
divina.
Nadie me pidió opinión
para vivir la existencia.

Cincuenta y cinco

No confíes en nadie
de forma ciega
en estos tiempos que corremos.
El humano más humano
pensándolo fríamente
podrá ser tu futuro
peor enemigo.
Corren épocas de egoísmo
mejor la contemplación
que una mala comunión.
Conversación y amistad
solo buena y a distancia
muy lejos si es posible.

Cincuenta y seis

Muchos sabios de la ciencia
y la virtud, viven
bajo noches tristes
profundas del alma.
Son luminarios
de sus víctimas.
Pueden encontrar
silencio, vacío
sin término ni gloria.
Hablan de fábulas científicas
que aprenden de su casa
a la universidad
viviendo en su particular manicomio.

Cincuenta y siete

Si yo tuviese en el cielo
o en la tierra
en mi cabeza
y en mi cuerpo
todo el poder
creador de Dios,
demolería todo lo conocido.
Construiría otro mundo
donde una sola mujer
u hombre primigenios
abriesen el camino
y así ella o él
pudiese disfrutar de la dicha
de la vida verdadera.

Cincuenta y ocho

Llevo días
con la pluma
tozudamente inquieta.
Se hacen cortas las noches
todo acaece, como
lo quiso el destino.
Loco es el que
mucho espera,
ver llorar antes de tiempo
un fracaso prematuro de la muerte.

Cincuenta y nueve

El miércoles es el día.
Mi sol volverá a llorar
sobre su césped
florido de pétalos
de rosas.
Tan desdichado
maravilloso espectáculo
se topa con lo real.
No concibo unirme
algún día a ella,
ahora que la conozco
no quiero separarme de ella.
Mil veces me ocultaré
sin que ella me encuentre.
En este invento de espectáculo
yo soy la comedia
y yo quien la contempla.
Lunas de desamor
palidecen en mi alma.
¿Alguien deshojará
y beberá de la flor
de mi corazón
los misterios azules
de mi alma?
¡Dios, Destino!

Sesenta

No te apenes
de los males
de mujeres u hombres
universo, mundo conocido
o por conocer.
No te alegres
de tus triunfos,
todo es infortunio
y nada es comparable
al llanto vertido
de sol, estrellas,
cielo, tierra
que buscan el cauce
para el destino
que fueron creados.

Sesenta y uno

Durante los cuarteles
pude comer poco y mal.
Dormí en sucios
e incómodos viejos jergones.
Me abrigaban con ropa
apropiada para el tiempo.
No fui señor
ni siervo de nadie
Desde el primer minuto
me entregué a la suerte
de un silencio que parecía
absoluto, abarcador de todos y todo.
Durante un año entero
con sus días y noches.
Me ofrecieron trabajo
de jardinero. Acepté
y lo realicé con abnegación,
ímpetu y obsesión.
¡Habían reconocido
mi silencio!
Frecuenté tramos
para atletismo
que devoraba sin piedad.
¡Quedé tercero
en una maratón!
Al final de todo
me fui exactamente
igual que llegué.
Bastante más fuerte
y un poco alienado.

Sesenta y dos

Dios lo caviló todo
de forma concienzuda,
¡crearía un universo perfecto!
Estudió un billón de años
en gigantes e inmensos laboratorios
se hizo con bibliotecas
de billones de volúmenes
dio con la fórmula del A.D.N.
estaba todo planificado.
Hubo un accidente
en todos sus cálculos
y todos sus preparados
quedarían reducidos
a una gran obra maestra
tierra de todas las ciencias
y humanidades que se llamó
¡esperpento!
Y así andamos
entre sonrisas fétidas
y tristes y graciosos
esperpentos.

Sesenta y tres

El aura entreabre
tus pétalos. Los pájaros
se contemplan en tus alas.
Eres sombra
de sueño,
barro de polvo
donde ayer he caído.
Sabes que los cipreses,
rosas, olas, alas,
océanos que curan heridas
se parecen mucho
a algunas mujeres
de mil labios
mil ojos
y manos que
nada toman.
Siempre tuyo
¡oh, diosa!
joya del alba
que encontré en mi camino.
Buena o mala
el destino decidirá.

Sesenta y cuatro

Urdo, urdo. Mucho
se eleva mi imaginación
me remonto a cielo y tierra
como pájaro perdido, pálido.
Mis ojos, cuerpo
se tuercen entre laureles
de esos contrarios sexos
dioses o diosas
que solo mi ruina crean
en el mundo de máscaras
de este corazón
trofeo de la muerte
donde puedo crecer
antinatural, ajeno, extraño.

Sesenta y cinco

No hay
mayor felicidad
para un loco
"máximo exponente de la razón"
que no pensar
en los humanos
ni intentar hablar con ellos
y menos intentar comunión alguna
o comprensión de su parte.
No debe uno
ofrecerle la mano
atención especial alguna
pues se volverá contra ellos.
El loco ama la flor
el árbol que es como él
al sol que lo ilumina
algunos niños inofensivos
y todo lo que es moral.
El loco siente miedo
ante su propia locura
que adora y teme.
El loco a veces
niega la vida, el diapasón
sonoro de sus vientos
el color de sus formas,
pero la reverencia
más en toda su plenitud
en vida, arte o muerte.

EPÍLOGO

—¿Qué piensas, Francisco, del libro que acabas de escribir?

—Nada en especial. Una jeringonza que pretende ser de buen gusto para mí en este momento determinado y una más en mi vida.

—¿Cree que le gustará o podrá gustar a alguien?

—Sí. Seguro que sí. Todo libro, como toda persona tiene algo bueno y siempre le gusta a alguien.

—¿A quién se lo dedicaría?

—Aparte de a Bea, al mundo en general, a los que sufren. Es una ofrenda que hago a una divinidad desconocida. Como un vergel en un inmenso desierto de tierras movedizas que es mi vida y el mundo en el que vivo.

—¿Cómo te sientes ahora?

—Como una penitencia del cielo y la tierra y una némesis de todo y de todos. Un novicio de cielo e infierno, de alguien apóstata de sí mismo y de todo.

—¿Qué nos debe ofrecer este libro?

—Un rato de triste o alegre lectura, depende cómo y quién lea el libro.

—¿Le haces alguna recomendación especial al lector sobre el libro y sobre ti?

—Sí, que cuando lo lean seguro que ya soy uno muy distinto.

—¿Quieres añadir algo más?

—Sí. Me tomo el hipérico, la tila con manzanilla y me dejas que me voy a dormir un sueño.

ÍNDICE